被災したあなたを助けるお金とくらしの話

増補版

弁護士
岡本　正

弘文堂

はじめに

ぼくがこの本で伝えたいのは「希望」です。

地震、津波、台風、豪雨、土砂《どしゃ》災害、竜巻、火山の噴火…。

自然災害で大きな被害を受けたとしても、絶望することなく、前を向いて、最初の一歩を踏み出すための知識を備えてほしい。この本は、そう願ってつくった防災の本です。

大きな災害で被災すると、これからいったいどうやって住まいを再建し、生活全体を取り戻していけばよいのかといった悩みの声があふれます。そんなときこそ、この本の知識が役に立つはずです。

知識の裏付けとなるのは、法律です。法律は、ルールを破らないよう命令したりペナルティを課したりするだけではありません。困ったときに私たちを助けてくれる根拠にもなっているのです。この本では、災害後に私たちを助けてくれる知識を備えるための、30のお話と2つの「ワンポイント豆知識」、そして7つのコラムを用意しました。法律なんて難しい、なんて思わないでください。あんがい身近で頼りになるものです。

紹介する30のお話は、大きく7つに分類しました。順番に「はじめの一歩」「貴重品がなくなった」「支払いができない」「お金の支援」「トラブルの解決」「生活を取り戻す」「被災地の声を見る」です。災害がおきてから、多くの人が直面する悩み。それらを解決するきっかけとなる法律や制度を、できるだけ時間の流れを意識して並べました。読み進めていくうちに、災害後に歩むべき道と希望の光が、少しずつ見えてくるはずです。

そして、この本は、被災する前にこそ読んでおいてほしいのです。災害がおきてしまって途方にくれないよう、できるだけその前に。この本が、被災するかもしれないあなたやだれかを助ける「知識の備え」となれば幸いです。

弁護士・博士（法学）　岡本　正

もくじ

災害復興法学
ローン
Chapter 11 12 13
Chapter 29 30
住まい
Chapter 26 27 28
くらし
Chapter 14 15
料金
支払い
ニュース
でんわ会社
OK
Chapter 8 9 10
最初の一歩
Chapter 2 3
り災証明
みほん
リフォーム
被災したら
Chapter 1
トラブル
Chapter 20 21 22
○X-○X
貴重品
カード
○X銀行
つうちょう
○△銀
Chapter 4 5 6 7
生活
義援金
Chapter 16 17 18 19
オムツ交換
Chapter 24 25 相続
3ヶ月
手続
銀行
女性
子ども
Chapter 23

Part

1

はじめの一歩

被災するとはどういうことか
まずはどうすればよいのか

Chapter 1

大災害で被災するとはどういうことか

「被災すると何に困るのか」をイメージしよう

大きな自然災害で「被災する」とどうなるのかをイメージしてみましょう。倒壊した建物、寸断した道路や橋、停止した交通網《もう》、断絶した通信インフラ…。だれもが真っ先に思い描くのは、そのような住宅や街の被災した光景でしょう。でも、その被災地となった街には、そこに住み、生活をしていた、「人」がいたはずです。それはあなた自身かもしれませんし、あなたの大切な家族や友人かもしれ

ません。会社の同僚やお客さんや、取引先の方かもしれません。

災害から助かったあなたは、いったいどんな悩みを抱えることになるのでしょうか。「被災する」とは、私たちにとってどういうことなのでしょうか。

日常生活と災害時の悩みは隣り合わせ

あなたご自身でかまいません。「今」の生活を想像してください。一人暮らしの方も、家族と一緒に暮らしている方も、住まいや、収入や、教育や、医療や、介護や、マンションやご近所付き合いや、習い事や、あるいは株や投資や。当たり前の「今」を想像してください。

「自宅を失い、職場も閉鎖された。収入も当面入ってこない。住宅ローンの支払いも残っている。いったいどうしたらよいのでしょうか」「いろいろなニュースや情報が流れるが、よく理解できないし、自分に関係あることかどうかもわからない。まず何をしたらよいのでしょうか。どこへ行ったらよいのでしょうか」——絶望的ともいえる被災した方々の声。そこから希望の第一歩を踏み出すために、被災したあなた、さらには被災者を支える立場にある人たちが知っておくべきことは、何でしょうか。

生活再建の知識を備える

この本では、災害後、被災した人たちが日常生活を取り戻すために役立つ、生活再建の知識について紹介していきます。これは現に被災した人たちだけでなく、これから被災者になるかもしれないあなたやその家族のためにも、地域やマンションコミュニティのためにも、会社の同僚やお客さんのためにも、きっと役に立つはずです。

被災後には、生活再建に向けたニーズがたくさんでてきます。たとえば、「自宅が全壊してしまったが、まだローンが2000万円以上残っている」「借りていたアパートが一部損壊してしまったが家主側の修繕《ぜん》はまったく期待できないし、修繕費を立て替えても支払われる見込みがまったくない」「家族が亡くなってしまったが、生命保険金などはなく、家計が厳しくなってしまった」などがそれです。しかし、こうした声のほとんどは、はっきりとは表にでてこないのです。

これからお話ししていく「知識の備え」は、それらの声に応える知恵のひとつです。その多くは、実は、「法律」というものに基づいています。東日本大震災、熊本地震、西日本豪雨などの大災害でも実際におこなわれてきた支援なのです。

大災害にあっても、被災者の方々を助ける法律や制度があります。生活再建への「知識の備え」で防災・減災をしましょう。

Chapter 2

生活再建への第一歩「罹災証明書」を必ず知っておこう

住んでいるところが被害をうけたら罹災証明書

罹災証明書（りさいしょうめいしょ）とは、災害による住宅等の被害の程度（全壊、大規模《きぼ》半壊、中規模半壊、半壊、準半壊、一部損壊）を証明する書面です。災害後に被災者から申請があったときには、自治体は罹災証明書を発行する義務を負っています。住宅の被害の程度が一目瞭《りょう》然となるため、さまざまな被災者支援の際に基準として活用できるメリットがあります。被災者生活再建支援金の金額決定、

仮設住宅入居、応急修理の要件を満たすかどうかの確認にも使われています。

あくまでも被災者支援の円滑《かつ》化のために自治体に発行義務を課しているのであり、あらゆる制度が利用に際して罹災証明書を必須としているわけではありません。罹災証明書がない限り被災者として扱えないと誤解しているケースもあるので注意してください。たとえば携帯電話会社が被災地の一定の地域に住む人たちを一律に支援対象とすることがありますが、住所さえわかれば、罹災証明書は求められていません。

罹災証明書は被災者への希望のメッセージ

罹災証明書は、被災者の申請により、自治体が住宅の被害調査を経て発行するので、手にするまで、ある程度時間がかかります。しかし、自治体に発行「義務」があるということは、決して被災者は見捨てられたりしないというメッセージ、と考えることができます。罹災証明書という制度を知ることが、絶望の淵《ふち》にある被災者にとっては、最初の希望になります。

罹災証明書は、災害対策基本法に定められている法的制度です。詳しくは、内閣府のウェブサイトをご覧ください(http://www.bousai.go.jp/taisaku/unyou.html)。

まずは「罹災証明書」という制度があることを確実におさえておきましょう。制度があることを知っていれば、自治体からのお知らせやウェブサイトから情報を得るモチベーションにもなります。

内閣府・防災情報のページ
罹災証明書ほか

ワンポイント豆知識

応急危険度判定は
罹災証明書の被害認定ではない

被災建築物応急危険度判定（応急危険度判定）とは、自治体の地域防災計画などに基づき、地震後に実施される調査のひとつです。建築の専門家（応急危険度判定士）が、被災地域の建物に、余震等による倒壊や壁の落下の危険性等がないかを判定するものです。

「危険」（赤）、「要注意」（黄色）、「調査済」（緑）と記載されたステッカー（貼り紙）が、はじめてその場を訪れた行政担当者やボランティア等にもわかりやすいように、直接建物などに貼り付けられます。

あくまで二次被害を防止するためにおこなわれるものです。後日の修繕《ぜん》や養《よう》生《じょう》措《そ》置《ち》によって危険を回避できる場合もあります。すなわち、応急危険度判定で「危険」（赤）と判定された住宅が、必ずしも罹災証明書において「全壊」「大規模半壊」といった大きな被害に認定されるとは限りません。

Chapter 3

罹災証明書の被害認定では写真撮影も忘れずに

罹災証明書の認定でその後の支援がきまる場合がある

罹《り》災証明書が発行されると、そこには調査を経て決定された、住宅の被害程度が記載されています。被害区分は、「全壊」（損害割合50％以上）、「大規模《きぼ》半壊」（損害割合40％以上50％未満）、「中規模半壊」（損害割合30％以上40％未満）、「半壊」（損害割合20％以上30％未満）、「準半壊」（損害割合10％以上20％未満）、「一部損壊」（損害割合10％未満）に分類されることが通常です。

災害救助法による応急修理制度（112頁参照）は、「半壊」と「準半壊」とで支援額が異なります。また、被災者生活再建支援法による被災者生活再建支援金（基礎支援金）（60頁参照）も、「全壊」「大規模半壊」「半壊住宅をやむを得ず解体した場合」「長期避難世帯に認定された場合」という限られた被害にしか支給されません。義援金の配分も罹災証明書が参考にされることが多くあります。

したがって、罹災証明書の認定は、生活の再建にとって非常に重要なのです。

発行されるまでには時間がかかる

実際に罹災証明書が発行されるまでには一定の時間がかかります。これまでの大災害では、個別に調査せず、一定エリアを一括で全壊認定したり、被災者自身が撮影した写真を利用して迅速《じんそく》に認定したりと、発行までの時間を短縮する取り組みがなされています。

認定の再調査も依頼できる

注意が必要なのは、大規模被災地では、外観目視《がいかんもくし》だけでとりあえず被害認定する「第一次調査」と、内観の詳細な調査もおこなったうえで被害認定する「第二次調査」に分けて調査がおこなわれるということです。第一次調査の被害認定で外観上の損壊があまり見られず「半壊」などの認定になっていても、第二次調査でより重度の被害認定となるケースもあります。ただし、第二次調査は被災者から申請があった場合に限って実施されるのが通常です。現状の被害認定に違和感がある場合には、第二次調査を申請できることを思い出してください。

被害認定に納得できない場合も想定されます。自分としてはもう住むことができないと考えて「全壊」や「大規模半壊」の認定を受けたいと考えていても、調査結果では「半壊」や「一部損壊」となるケースです。住宅の被害認定は、支援の有無や給付金額に大きく影響するので、被災者にとっては死活問題です。

　そのような場合には第二次調査に加え、さらに再調査を依頼することもできます。これまでの災害でも、再調査の結果、当初「大規模半壊」や「半壊」とされていた認定が「全壊」に改められた事例があります。このような場合に備え、住宅を撤去《てっきょ》・解体したり、修繕《ぜん》や片付けをしたりする前の段階で、被災状況の写真を撮影しておきましょう。

建物の安全に十分注意しながら、被害箇《か》所だけではなく、建物の内部と外部について、東西南北あらゆる角度から、これでもかとばかりに何枚も写真撮影をしておきましょう。

コラム 1

新型コロナと生活支援情報

2020年以降の新型コロナウイルス感染症のまん延《えん》と、国や自治体からの経済活動自粛《じしゅく》要請により、私たちの「お金とくらし」は大きな影響を受けました。そのようなときこそ、国の法律や予算に基づく支援情報を見逃さないことが大切です。コロナ禍《か》や大規模災害などの新たな危機がおきてしまった場合でも、**「国や自治体から何らかの支援情報がきっと発信されているはずだ」**という希望を持ってほしいと思います。

正確な支援情報を得るためには、事業を担当する省庁のポータルサイトや特設ページを参照することが欠かせません。コロナ禍でいえば、**内閣官房「新型コロナウイルス感染症に伴う各種支援のご案内」**が最も有用です。検索サイトで「国　支援　コロナ」と検索すればページが見つかるはずです。ちなみに「.go.jp」は政府機関が取得できる専用ドメインですから、非公式の情報と見分ける際にはここに注目してください。2021年12月時点では、ここにパンフレット（随時《ずいじ》更新）が掲載されています。「生活を守る」（各種臨時給付金等）、「雇用を守る」（雇用・休業支援等）、「事業を守る」（各種給付金・補助金等）というように、様々な支援制度が一覧になっており、クリックするとそれぞれの制度の詳しい説明にたどり着くことができます。

内閣官房「新型コロナウイルス感染症に伴う各種支援のご案内」
https://corona.go.jp/action/

Part

2

貴重品がなくなった

大丈夫、心配ありません
ひとつひとつ
解決していきましょう

Chapter 4

通帳やカードなしでも預貯金は引き出せる

まずは貴重品よりも命を守る行動を

津波、洪水、土砂《どしゃ》災害、火災等の差し迫った危険から身を守るためには、率先して、直ちに避難行動をとることが不可欠です。そのとき日常生活で使っている貴重品類が必ずしも手元にあるとは限りません。だからといって、それらを探したり集めたりしているうちに避難行動が遅れたり、ましてやいちど避難行動をとったにもかかわらず引き返したりするようなことは、絶対にしてはいけません。

通帳やカードなどの貴重品を紛失するのは不安です。災害後に避難所生活をするにも、物品の買い出しなどでお金が必要な場面は当然あります。しかしこれから説明するように、金融機関などは被災者が通帳やカードを紛失した場合でも引き出しができるよう、支援や対策をおこないます。ですから、命を守ることだけを最優先に行動するようにしてください。

通帳やカードをなくしても大丈夫

大規模《きぼ》な災害があると、国（財務省や

金融庁など）や日本銀行から「金融上の措置《そち》」というお知らせが発表されます。

そして、金融機関の全国組織（全国銀行協会など）や口座のある金融機関等からも、通帳やカードを紛失した場合の取り扱いが発表されます。たとえば2011年の東日本大震災では、通帳等の紛失に関しては（1）通帳や届出印鑑を紛失した場合でも、本人であることが確認できる書類の提示により預金の払い戻しができる、（2）本人を確認できる書類がない場合は、氏名や住所などの登録されている情報と一致すれば預金を引き出せる、といった柔軟な対応をおこなうことが発表されました。被害が特に広範で深刻な地域では、金融機関の職員が現金を持って避難所を巡回し、避難所で預貯金の引き出し対応をおこなった例もあります。

ただし、このような対応については、必ずしも金融機関側が全契約者に直接知らせてくれるとは限りません。弁護士の無料法律相談や、金融機関の担当者に、自《みず》ら問《か》い合わせるようにしてください。

また、金融機関の通帳やカードは、窓口に行けば無料で再発行してくれることがほとんどです。紛失したからといって権利がなくなるということはありませんので、安心してください。

実印や印鑑登録証の紛失も心配無用

実印や印鑑登録証を紛失しても、それだけで権利関係に影響がでることはありません。まず、実印を紛失してしまった場合は、印鑑登録証の廃止手続きを、自治体の窓口でおこなってください。次に、印鑑登録証をなくした場合には、印鑑登録証の亡失《ぼうしつ》手続きというものを、自治体の窓口でおこなってください。

廃止手続きをおこなったのち、必要であれば改めて実印を登録することで、再び新しい印鑑証明もとることができます。

身分証として重宝する運転免許証。紛失しても心配はいりません。運転免許センターや警察署で再発行できます。また住民票も、大災害時には、氏名住所などが確認できれば運転免許証がなくとも自治体窓口で発行可能です。

Chapter 5

家の権利証がなくなっても権利はなくならない

権利証・登記済証とはいったい何か

一般に「権利証」と呼ばれているものには2種類あります。ひとつは「登記済《ずみ》証」といって、不動産登記が完了した際に、登記所が登記名義人に交付する書面です。これは、売買や抵当《ていとう》権設定をしたりするときに使うもので、昔からイメージされている「権利証」というのは、どちらかというとこちらでしょう。

もうひとつは「登記識別《しきべつ》情報」といって、登記済証にかわって新しく発行され

るようになった、英数字による12桁《けた》の番号情報（パスワード）のことです。通常は「登記識別情報通知書」として手元にあり、目隠しのシールが貼られています。

ちなみに2005年に「登記済証」は「登記識別情報」に切り替わっており、新しいものはすべて「登記識別情報」になっているはずです。

これら権利証（紙の登記済証またはパスワード）は、不動産の売買等の所有権移転登記や、融資を受ける際に抵当権設定登記等の登記を申請する場合に、法務局に提出することが求められています。

権利証それ自体に特別の価値はない

そんな権利証ですが、紛失しても再発行はされません。でも、安心してください。「権利証」と呼ばれてはいるものの、紙やパスワードそれ自体が不動産の権利や価値そのものというわけではありません。実際に不動産を処分しようとするときに、その登記の申請人が登記名義人本人であることを確認するための「本人確認手段のひとつ」でしかないのです。

つまり、権利証を紛失したとしても、土地や建物の所有権等の権利を失うことはないので、心配する必要はありません。津波や水害が差し迫っているときに、これらを持ち出す必要もありませんし、ましてや避難したあとに引き返す危険をおかしては絶対にいけません。

権利証がなくても不動産取引はできる

権利証を紛失しても、不動産を売買するなどの取引はできます。ここでは、司法書士など資格者に依頼しておこなう手続きを紹介します。

権利証がなくなってしまった場合には、司法書士などの資格者に依頼すると、あなたが所有者など登記名義人本人であることを確認したという書類（「本人確認情報」といいます）を作成してもらえます。専門家への手数料はかかりますが、確実で安心できる方法です。この本人確認情報を登記申請の際に提供することで、権利証がなくても、不動産取引などの登記の移転や権利設定が可能になります。

万一だれかが自分の権利証を手にしたときに、悪用されて登記が勝手に変更されてしまうのではないかと心配になる方もいるでしょう。しかし、不動産登記を動かすためには、権利証だけではなく、所有者の印鑑証明書等の本人確認資料も必要となります。登記が勝手に変更される可能性は低いといえます。

Chapter 6

保険会社や契約内容が不明なら保険協会の窓口へ

保険証券とは何か

生命保険契約や損害保険（自動車保険や火災・地震保険）契約をすると、保険契約の内容を記載した「保険証券」が発行されます。保険証券を見れば、どのような事故が発生したときにどのような（いくらの）保障を受けられるかがわかります。

契約時に保険会社からファイリングされたものを受け取ることが多いと思います。

なお、インターネット上でペーパーレスのまま手続きが完了する契約もあり、紙の証券を発行しない場合もあります

が、その場合は、ウェブサイトで保険内容が確認できるようになっています。

保険証券を紛失しても権利は失わない

保険証券を紛失してしまっても、保険契約には影響はありません。契約は有効に成立したままですし、保険会社にて契約内容を確認できますので、保険金請求も可能です。通常は保険証券の再発行もできるようになっていますので、契約している会社に問い合わせをしてください。

では、大規模《きぼ》な災害が発生した際に、

保険証券や契約時の書類ファイルが家屋《かおく》とともに流失・焼失してしまったりした場合、どうやって保険会社に連絡をとり、どのように保険金請求手続きをすればよいのでしょうか。

保険会社名さえわかっていれば、各社の相談窓口に問い合わせ、その指示に従うことで、保険証券がなくても手続きを進めることができます。

問題は契約者本人が亡くなってしまったり行方不明の場合で、家族では保険会社の名前もわからないような場合ですが、その場合でも、次に説明する「生命保険契約照会制度」がありますので、心配することはありません。

保険協会の契約照会窓口を活用する

生命保険会社については、一般社団法人生命保険協会（https://www.seiho.or.jp）の「生命保険契約照会制度」を利用することで、契約会社や契約内容を照会できます。生命保険協会から各社へ照会をし、契約会社から連絡をもらうことができるのです。生命保険協会には、国内系・外資系を問わず、日本国内で営業

一般社団法人
生命保険協会

しているすべての生命保険会社が加入しています。

損害保険会社については、一般社団法人日本損害保険協会（https://www.sonpo.or.jp）や一般社団法人外国損害保険協会（https://www.fnlia.gr.jp）の、各「自然災害等損保契約照会センター」を通して契約照会ができます。

このように、保険証券を紛失したり、契約会社がわからなくても問い合わせ窓口がありますので、心配はいりません。

一般社団法人
日本損害保険協会

一般社団法人
外国損害保険協会

保険契約時に保険会社からもらう書類の中には「約款」（やっかん）というものがあります。保険による保障内容や契約内容を細かく書いている分厚い冊子です。契約の要点をまとめた「契約のしおり」と一緒に交付され、説明を受けることが多いです。弁護士などに相談する場合も、これらが手元にあれば効果的です。

Chapter 7

保険証をなくしても保険診療を受けられる

医療保険の自己負担のしくみ

大災害で避難生活を余儀《よぎ》なくされている被災者には、手元に医療機関や福祉《ふくし》施設等の窓口に提示する「被《ひ》保険者証」（いわゆる保険証）がない場合が多いと思います。

平常時であれば、保険証を忘れるなどして病院等の窓口で提示できない場合は、原則として、いったんは全額を病院等に支払う必要があります。その後、自《みずか》らの医療保険者に対して手続きをおこ

なって、自己負担分（1～3割）以外の、保険給付分（7～9割）を還付《かんぷ》してもらわなければなりません。
なお、医療保険者とは、国民健康保険の場合は市町村や各業界などの国民健康保険組合です。後期高齢者医療制度の場合は都道府県ごとの後期高齢者医療広域連合になります。社会保険等の場合は、勤務先に確認すればすぐにわかります。

保険証がなくても保険診療を受けられる

大災害時には、病院などの窓口で保険

証を提示できなくても、氏名・住所・生年月日を告げることによって、保険証を提示したときと同様に、自己負担分だけで医療や福祉のサービスを受けることができます。

厚生労働省は、大災害がおきると、医療保険者や医療福祉機関の団体などに対して、これらの対応をとるよう通知をしています。ですから、保険証がないからといって、本来受けるべき治療を控えるようなことがないようにしてください。

深刻な被害を受けると医療費免除も

また、災害救助法が適用された大災害において、さらに自宅が全壊したり、家族が亡くなるなど、次のような特に深刻な被害を受けた被災者に対しては、窓口負担や介護保険利用料についても無料としてきた実績もあります。

（1）住宅の全半壊、全半焼、床上浸水またはこれに準ずる被災（※罹《り》災証明書は不要。窓口申告で足りる）

（2）主たる生計維持者が死亡または

重篤《じゅうとく》な傷病

(3) 主たる生計維持者が行方不明

(4) 主たる生計維持者が業務を廃止または休止

(5) 主たる生計維持者が失職し、現在収入がない

ただし、医療福祉機関の中にはこれら特例対応を知らない場合があります。厚生労働省からの周知も、災害後に情報があふれる中で確実に伝わるとは限りません。窓口で無用に全額負担してしまう被災者の方々も、過去に多数いました。

病院の窓口には、診療費用がどうなるのかを事前に確認しましょう。病院の窓口に対して、患者側からも、医療費の無料措置や、保険証を紛失しても問題がないことを情報提供しなければならないケースも想定しておくとよいでしょう。

大災害時には、健康保険証などを紛失しても従来どおり保険診療を受けられる旨のお知らせが、厚生労働省のウェブサイトに掲載されます。印刷しておくと安心です。

コラム 2

新型コロナと休業支援

　新型コロナウイルス感染症の影響により、休業を余《よ》儀《ぎ》なくされる労働者が激増しました。休業手当を支払うお金が雇用主にないために、労働者に退職してもらい、おのおの雇用保険の失業給付を受けてもらう――。このような対応にならざるを得ない会社もありました。

　そこで、休業させられた労働者のうち、休業中の賃金を受けることができなかった労働者は、**「新型コロナウイルス感染症対応休業支援金・給付金」を直接受給できる**という支援制度が新たにつくられました。2020 年 6 月に成立した「新型コロナウイルス感染症等の影響に対応するための雇用保険法の臨時特例等に関する法律」によるものです。通常の雇用保険では、労働者が退職しなければ失業給付は支払われません。新型コロナ禍《か》の影響で休業を余儀なくされた場合には、**失業しなくても、従業員が直接給付金を受けとれる**ようにしたのです。

　このしくみは、災害時の「**激甚《げきじん》災害時における雇用保険法による求職者給付の支給の特例**」が参考にされています。激甚災害法という法律には、離職せずに休業等する場合でも雇用保険の失業給付を受給できる特例措置が定められているのです。これと同じ支援をコロナ禍の休業でも実現させたのが「新型コロナウイルス感染症対応休業支援金・給付金」だといえるでしょう。

新型コロナウイルス感染症対応休業支援金・給付金（厚生労働省）
https://www.mhlw.go.jp/stf/kyugyoshienkin.html

災害時における雇用保険の特例措置等について（厚生労働省）
https://www.mhlw.go.jp/stf/seisakunitsuite/bunya/0000134526_00001.html4

Part 3

支払いができない

住宅ローン・公共料金・
保険料の支払いの免除や減額など

Chapter 8

携帯電話料金は支払い期限延長や減額も

携帯電話会社から、被災した契約者への支援がある

災害時こそ、携帯電話によって自《みずか》らの状況を発信することや、端末《たんまつ》を通じてニュースや被害情報を得ることが不可欠になります。そこで負担になるのが、携帯電話料金です。平常時であればクレジットカード払い、請求書、直接の口座引き落としなどで月々の料金を問題なく支払っていることかと思います。

ところが、災害後には日常生活にかかわる出費が増えますし、被害が深刻な地

域では携帯電話の通話自体が電波の不通によってできない場合もあり得ます。そのような場合に、携帯電話料金は通常時と同様に支払いを継続することになるのでしょうか。また、データ通信量が契約プランを超えてしまった場合には速度制限をかけられてしまうのでしょうか。

東日本大震災、熊本地震、西日本豪雨、令和元年の一連の豪雨や台風などではもちろんのこと、大規《き》模《ぼ》な災害になれば、携帯電話会社は、契約者に対してさまざまな支援策を発表してきています。

携帯電話会社のウェブサイトをチェックする

たとえば過去の大災害では、NTTドコモ、KDDI（au）、ソフトバンクの大手3社では、各社により多少のばらつきはあるものの、月額基本料の減額、支払い期限の延長（クレジットカードや口座振替以外）、携帯電話修理費用の軽減、携帯電話の無料貸し出し、その他の料金などの支援措置《そち》、各種受付手続きの緩和《かんわ》（身分証明手続きの簡素化など）、被災契約者へのデータ通信容量の無料追加、被災契約者のデータ通信速度制限解除、バッテリー貸与《たいよ》や無料充電サービス拡大などをおこなってきた実績があります。

自ら手続き申請をしなければならない場合もある

注意したいのは、これらの支援策を受けるためには、多くの場合、契約者自らが携帯電話会社に申し出をする必要があるということです。災害後は多くの不安や心配事があるかもしれませんが、ひとつひとつ、少しでも前に進んでいくために、災害後に通信環境が改善したら、直ちに自らの携帯電話会社のウェブサイトを閲覧《えつらん》することをおすすめします。

過去の災害では、「このたびの水害で被害に遭《あ》われた方へ」「○○地震により災害救助法が適用された地域の方へ」といったお知らせが、災害直後から携帯電話会社のウェブサイトに掲載されてきました。ぜひウェブサイトを参照し、あるいは近くに営業中の店舗があれば訪問し、支払い期日の猶予《ゆうよ》や、料金減額措置の支援を受けることができないかどうかをチェックするようにしましょう。

災害救助法適用災害の場合に各種支援が開始されることが多いようです。災害救助法は「災害が発生し、又は発生するおそれのある地域に所在する多数の者が、避難して継続的に救助を必要とする」ような災害の場合に、都道府県が適用を宣言します。災害時特有の公的支援や民間支援を開始する際の目安です。

Chapter 9

保険会社による保険料の支払い猶予も

生命保険会社や損害保険会社の支援を見逃さない

保険契約を締結《ていけつ》している契約者にとっては、保険料の支払いも大きな関心事です。

特に災害直後、月払いの契約であったり、年《ねん》払いの期日が迫っているような場合は、保険料の支払いが被災者にとって負担になってしまいます。もし保険料を一定期間滞納すれば、契約内容にもよりますが保険契約の失効という事態を招きかねませんので、大変深刻な問題です。

東日本大震災、熊本地震、西日本豪雨、令和元年の一連の豪雨災害などの巨大災害時や、災害救助法が適用された災害では、保険会社は保険料の支払い期日猶予《ゆうよ》措置《そち》をおこなってきた実績があります。

大規模災害では数か月以上の支払い猶予も

たとえば生命保険を例にとると、東日本大震災の際、月々の保険料支払いの猶予措置をおこないました。初動措置として、月払い保険料の最長6か月の支払い猶予を実施し、さらにその後、追加で最大1年間の支払い猶予措置をとるなど、手厚い支援をおこなったのです。その結果、ピーク時には23万件以上の契約で支払い猶予措置がとられていました。

被災者にとって保険料支払いが大きな関心事であったこと、そして多くの契約者が支援を必要としていたことがわかると思います。

すべての災害で必ずしもこれほどの支払い猶予措置がとられるかはわかりませんが、被災した場合は、まずは契約している保険会社へ、どのような支援があるのかを問い合わせてください。

契約している保険会社がわからない場合は協会へ照会

契約者本人が災害により亡くなったり行方不明になったりして、保険契約の有無がわからない場合には、生命保険であれば生命保険協会へ、損害保険であれば日本損害保険協会や外国損害保険協会に問い合わせることができます。26〜27頁でも触れていますが、これらの情報は、各協会のウェブサイトで「令和元年台風第15号および第19号等による災害により被害を受けられた皆様へ」といったように、被災者向けのお知らせがわかりやすく掲載されているので、容易に発見できるはずです。

令和元年台風19号では、日本損害保険協会は、火災保険、自動車保険、傷害保険などの各種損害保険（自賠責保険を除く）について、①継続契約の締結手続きについて最長6か月後の末日（2020年4月末日）までの猶予、②保険料の払い込みについて最長6か月後の末日（2020年4月末日）までの猶予を発表しました。同様に、生命保険協会は、災害救助法が適用された地域の被災契約者の契約について、①保険料払い込み猶予期間の延長、②保険金・給付金・契約者貸付《かしつけ》金の簡易迅速《じんそく》な支払い対応措置をおこなうことを発表しています。

Chapter 10

電気・ガス・水道等公共料金も支払い猶予措置がある

公共料金の支払いはどうなるのか

私たちは、毎月の生活費としてさまざまな公共料金を支払っています。電話料金、電気料金、上下水道料金、ＮＨＫ受信料、ガス料金などはだれでもすぐに思い浮かぶでしょう。大災害によって電気、ガス、水道などの公共インフラが破壊されたり利用できなくなった場合に、毎月の料金の支払いはどうなるのでしょうか。

大災害の難を逃れたとしても、物資や食料もままならない初期の段階では、公

共料金の支払いや契約にまでは、なかなか思い至らないというのが正直なところではないでしょうか。

公共インフラを担《にな》う会社の中には、地域を限定して自動的に請求をしないように対応をおこなう場合もあります。一方、災害や被災地域によっては、契約者側から支払い猶予《ゆうよ》や免除等の申請をおこなわなければならない場合もあります。

減免・猶予支援の実績

公共インフラを扱う自治体や事業者は、大災害が発生した場合、被災者に対して公共料金の支払いの免除、減額、支払い期日猶予、その他関連する支援を実施してきた実績があります。大きな災害のあった直後こそ、少しでも生活費の負担を軽くしたいところです。ウェブサイトをチェックして、どのような支援があるかを確認しましょう。

たとえば、東日本大震災では、電話料金に関してNTT東日本が、避難や設備の故障による電話利用不能期間中の料金免除、被災者の仮設住宅等への移転工事費無償化措置《そち》、電話料金の支払い猶予措置などを実施していました。

契約会社や自治体のウェブサイトをチェック

支払い猶予や免除の支援が実施されている場合でも、被災者からの申し出が必要となる場合も多くあります。自《みずか》らの公共料金の契約先などを思い浮かべながら、積極的に窓口やウェブサイトで情報を得るようにしてください。

たとえば、「○○地域にお住まいのお客様に対する電気料金等の特別措置について」や「○○災害により被災されたお客さまに対するガス料金の特別措置について」などといったお知らせが、各社から発表されています。また、自治体が運営していることが多い水道料金についても、各自治体のウェブサイトに「○○の被災に伴う水道料金・下水道使用料の減額措置」などのお知らせがリリースされることが通常です。

令和元年台風15号による大規《き》模《ぼ》停電被害などを受けて「東京電力エナジーパートナー」は、「対象地域で被災されたお客さまからのお申し出に応じて特別措置を適用」すると発表しました。①当面の検針について支払い期日の1か月延長、②不使用月の電気料金の免除、③特定の工事費の免除、④特定の仮設工事費の免除、⑤使用できなくなった設備の基本料金免除、⑥計量器等の取り付け工事費の免除などがその内容です。

Chapter 11

被災ローン減免制度は破産にあらず
～自然災害債務整理ガイドライン①～

支払いが難しくなった個人の借金はどうなる

災害発生直後から被災者にとって大きな負担となるのが、住宅ローンや事業ローンの支払いです。災害後の出費増や収入減は、ローンの支払い負担をよりいっそう重いものとします。特に、自宅建物が損壊した被災者は、担保《たんぽ》となる財産も大幅に価値が減ってしまっていますから、仮に残った土地を売却して返済をしようにも、これだけでは住宅ローン残金を支払えない場合もあります。

自然災害で住宅が全壊したり、収入がなくなったりしても、今までの住宅ローンが自動的に支払い免除になることはありません。「住宅ローンが支払えなくなったが、破産しか手がないのか。破産すると新たな借り入れができず、新しい家を建てることができないと聞くので、途方に暮れている」「個人事業主として農業をしており、ビニールハウスやトラクターのローンがまだ2000万円以上残っている。津波で農地が壊滅し、収入もなくなった。今後農業を再開したいがローンが足かせになっている。もちろん

再び借り入れをしたいので、破産手続きは選択できない」（※いずれもモデルケース）といった声を、東日本大震災直後や熊本地震直後の相談活動で弁護士らは数多く聞いてきました。

自然災害債務整理ガイドラインを忘れないで

このようなときに、まずもって利用を検討しなければならないのが「自然災害による被災者の債務整理に関するガイドライン」（自然災害債務整理ガイドライン）というしくみです。弁護士などが相談時によく使っている通称は「被災ローン減免制度」です。

自然災害債務整理ガイドラインは、大規模《きぼ》な自然災害（災害救助法適用災害）があった際に、その災害の影響によってそれまで抱えていた住宅ローン、自動車ローン、事業ローンなどを返済することができないか、近い将来返済できなくなることが確実と見込まれる個人と個人事業主が利用できます。法律ではありませんが、東日本大震災をきっかけに、あらゆる関係者が協力してつくりあげたガイドラインであり、金融機関もこのガイドラインを周知して債務者を支援することが求められているのです。

災害救助法が適用される災害ではガイドラインを

災害救助法が適用される自然災害が原因で返済ができなくなったのであれば、住所地や事業所の所在は問わないうえに、利用できない金融機関はありません。ただし、ある程度以上の年収がある場合や、資産が多く残っておりローンを十分支払えるような場合は利用できないなど、一定の条件があります。

なおこの制度の最大の特徴は、破産手続きのように信用情報（ブラックリスト）登録がなく、原則として連帯保証人にも請求がいかないというメリットがあることです。

個人の債務の支払いに困ったら、まずは「自然災害債務整理ガイドライン」——。合言葉にしてほしいほどに重要な制度です。まずは相談を。

Chapter 12

被災ローン減免制度には多くのメリット

〜自然災害債務整理ガイドライン②〜

ガイドライン利用はブラックリストに載らない

自然災害債務整理ガイドラインを利用できた場合のメリットについて説明します。

第1に、法律上の破産手続きとは異なり、ガイドラインに基づいて債務整理をしたことは、個人信用情報（ブラックリスト）には登録されません。そのため、債務整理完了後、新たな借り入れをすることができます。クレジットカードも使い続けることができます。

第2に、国の補助によって「登録支援専門家」による手続き支援を無料で受けることができます。これまでに、弁護士が登録支援専門家として手続きに関与してきました。金融機関と自分自身で交渉するのは難しいと考えている被災者の方も多いと思いますが、弁護士のサポートを無料で受けることができるので、安心です。

現預金なら、手元に500万円まで残せる

第3に、平常時の破産手続きであれば

手放さなければならない財産であっても、手元に残すことができます。具体的には、500万円までの現預金、家財の地震保険金最大250万円までなど、まとまったお金を手元に残せます。

さらに、これは破産手続きにおいても同様ですが、災害時に被災者が受け取った「被災者生活再建支援金」(60頁参照)(基礎支援金と加算支援金の合計は最大300万円)、「災害弔慰《ちょうい》金」(68頁参照)(250万円または500万円)、「災害障害見《み》舞《まい》金」(75頁参照)(125万円または250万円)は、いずれも差押《さしおさえ》禁止財産ですので、手元に残すことができます。なお、自治体が被災者に配分する「義援金」(80頁参照)は、過去の巨大災害ではこれを差押禁止財産にする特別立法措置《そち》がとられ、2021年1月以後の自然災害では一律に差押禁止財産となり手元に残すことができます。

具体的な手続きの流れをイメージしよう

手続きは、(1)金融機関等へガイドラインに基づく手続きに着手したい旨の申し出をする、(2)登録支援専門家による

一般社団法人東日本大震災・自然災害
被災者債務整理ガイドライン運営機関

手続き支援を依頼する、(3)専門家の支援を受けながら金融機関等に債務整理開始の申し出をする、(4)同様に調停条項(返済計画などが記載)を作成する、(5)登録支援専門家を通じて金融機関に調停条項を提出・説明する、(6)被災者が簡易裁判所の特定調停を申し立てる、(7)調停条項を確定して債務整理を完了し、返済計画に従って支払う、という流れで進みます(http://www.dgl.or.jp)。

基本的には、弁護士による無料法律相談のサポートなども受けながら手続きの開始を決定し、進めていくことをおすすめします。

▼ガイドライン利用のイメージ(住宅ローン・マイカーローンの例)

熊本地震で自宅が全壊。みなし仮設住宅に入居。家計収入も減少し、住宅を再築する場合、返済が困難になるおそれがあった。

ガイドライン利用前

資産	預貯金300万円　義援金80万円 被災者生活再建支援金100万円 土地(350万円)　自動車
負債残高	住宅ローン800万円　マイカーローン100万円

ガイドライン利用で

自動車を返却し、マイカーローンの免除を受け、また住宅ローン450万円の免除を受けて生活再建に必要なお金と土地を残しつつ、土地の価格相当額350万円を分割返済する計画に。

資産	預貯金300万円　義援金80万円 被災者生活再建支援金100万円　土地(350万円)
負債残高	350万円

出典：金融庁・財務省九州財務局「平成28年熊本地震で被災された皆さまへ」より作成。

Chapter 13

返済条件変更前に減免制度の確認を

～自然災害債務整理ガイドライン③～

ガイドラインを利用する意思を銀行へ伝える

自然災害債務整理ガイドラインは、一定の条件で災害前からのローンを減免することができる画期的な制度です。ところが、金融機関によっては、自然災害債務整理ガイドラインの存在を把握していない場合もあり得ます。金融機関の窓口には「自然災害債務整理ガイドラインを利用したい」と、明確に手続き利用の申し出をおこないましょう。

制度が利用できるかどうかについて、

自分の判断だけであきらめたり、窓口への問い合わせをちゅうちょしたりはしないでください。本来なら自然災害債務整理ガイドラインを利用できるはずの被災者に、金融機関の窓口の担当者が「利用できない」と回答してしまうケースも多数報告されているのです。金融機関の誤解による場合もありますので、弁護士の無料相談窓口に現状を説明して、情報を収集することをおすすめします。

安易にリスケジュールで終わらせない

金融機関の窓口へローンの支払い猶予《ゆうよ》などの相談に行った際に、自然災害債務整理ガイドラインについて十分にその効用や要件を説明されることなく、単にリスケジュール（返済計画の見直し）だけを説明された場合は、注意が必要です。本来は自然災害債務整理ガイドラインを利用して、債務の一部免除を受けることができる場合にもかかわらず、支払い方法のリスケジュールだけで終わってしまう場合もあるからです。

なお、リスケジュール後のローンであっても、自然災害債務整理ガイドラインを利用できます。しかし、いったん金融機関とリスケジュールの合意をしてしまってから、それを蒸《む》し返して、あとから自然災害債務整理ガイドラインを利用しようと思っても、それは精神的にも大きな負担です。そのために多くの被災者はあきらめてしまっているというのが現状です。そうならないためにも、金融機関との最初の話し合いの段階から、「たとえ利用できないかもしれないとしても、まずは自然災害債務整理ガイドラインが利用できるかどうか確認してみる」という発想を、常に持っていることが重要になります。

政府はガイドライン利用を推進している

これまでにも、財務省、金融庁、日本銀行などから、「金融機関は被災者の相談に応じて支払い猶予措置などをとること」「自然災害債務整理ガイドラインの利用について被災者に周知すること」などを記した注意喚起の通知（金融上の措置《そち》）が、災害直後に公表されています。このような金融当局側のメッセージを知っておくと、手続きを進める勇気がわいてくるのではないでしょうか。

各種支援金や義援金など手元にあるお金は、リスケジュール後の支払いにのみあてるのではなく、住まい再建の資金や生活費用に役立ててください。ガイドラインを利用できれば、多くを手元に残せます。

コラム 3

コロナ版ローン減免制度の誕生

新型コロナウイルス感染症の影響で、住宅ローン、リフォームローン、事業ローン、その他借入金等の返済ができなくなってしまった（つまり、破産手続き等の法的倒産手続きの要件に該当する可能性が高くなってしまった）個人・個人事業主も少なくありません。そこで、一定の財産を手元に残したまま債務の減免を受けることができる「**コロナ版ローン減免制度**」が誕生しました。正式名称は「『自然災害による被災者の債務整理に関するガイドライン』を新型コロナウイルス感染症に適用する場合の特則」といいます。2020年12月にガイドラインがつくられ、12月から運用されました。

これは、災害救助法が適用される自然災害の被災者が一定の要件を満たした場合に利用できる**「自然災害債務整理ガイドライン」（被災ローン減免制度）**のしくみ（Chapter 11～13）を、**新型コロナウイルスの影響を受けた個人や個人事業主にも適用**するための指針です。対象となる債務は、(1) 新型コロナウイルス感染症が指定感染症になった日（2020年2月1日）までに負担した債務と、(2) ガイドライン制定日（2020年10月30日）までに負担した一定の債務です。その他手続き開始のための諸々の要件があります。

法的な破産手続きとは異なり、(1) ブラックリスト（信用情報）に登録されないこと、(2) 原則として保証債務の履行《りこう》を求められないこと、(3) 無償で登録支援専門家である弁護士のサポートを受けられることなどの大きなメリットがある、画期的な制度といえます。

一般社団法人東日本大震災・自然災害被災者債務整理ガイドライン運営機関
「新型コロナウイルス感染症に適用する場合の特則について」
http://www.dgl.or.jp/covid19/

Part

4

お金の支援

被災してもらえるお金・
借りられるお金がある

Chapter 14

住まいの全壊等には被災者生活再建支援金を ～基礎支援金～

被災者生活再建支援法が利用できる場合・できない場合

被災者生活再建支援金は、一定規模《きぼ》の自然災害により住まいに被害を受けた世帯に支払われる給付金です。住宅に一定の被害がでた場合の「基礎支援金」と、その後の再建方法に応じて支払われる「加算支援金」があります。阪神・淡路大震災をきっかけに成立した「被災者生活再建支援法」が根拠です。

一定規模の自然災害とは、「10世帯以上の住宅全壊被害が発生した市町村」な

ど、政府が決めた被害規模の要件を満たした自然災害で、このほかにもパターンがあります。これらに該当すると、市町村単位や都道府県単位で、被災者生活再建支援法が適用されます。したがって、同じ災害であっても、自治体ごとに被害が異なればそもそもこの制度が利用できない場合もあります。適用の有無については、内閣府や自治体のウェブサイトでチェックすることが必要です。

基礎支援金は使いみち自由

基礎支援金とは、被災者生活再建支援

内閣府・防災情報のページ
「被災者生活再建支援法」

▼基礎支援金の支給額

基礎支援金：住宅の被害程度に応じて支給する支援金

住宅の被害程度	全壊	解体	長期避難	大規模半壊	中規模半壊以下
支給額	100万円	100万円	100万円	50万円	なし

※支給額については、世帯人数が1人の場合は、各欄《らん》の金額の3/4

出典：内閣府ウェブサイト（http://www.bousai.go.jp/taisaku/seikatsusaiken/pdf/140612gaiyou.pdf）

法が適用された場合に、全壊、半壊後やむを得ず解体、長期避難世帯、大規模半壊といった被害を受けた住宅の世帯に支払われるお金で、最大で100万円です。

この基礎支援金の使いみちは自由です。加えて、「差押禁止財産《さしおさえきんしざいさん》」になっているので、たとえば、「自然災害債務整理ガイドライン」を利用した場合でも、手元に全額を残すことができます（52頁参照）。

基礎支援金は、住まいの損壊があった場合に、現金支援を受けることができる現状で唯一《ゆいいつ》の法制度となっています。生活再建の第一歩を踏み出すきっかけとなるかもしれない、とても重要な支援制度なのです。

被災者生活再建支援金を受け取るためには、被災者のほうから、自治体の窓口へ申請しなければなりません。被害の程度を確認するため、通常は罹《り》災証明書の「全壊」「大規模半壊」（10頁参照）などの被害認定の記載が参照されます。

そのほかの申請方法などについては、自治体の窓口で確認するようにしてください。延長などの特例がない限りは、災害発生から13か月以内に申請することが必要です。忘れることがないように注意してください。

Chapter 15

被災者生活再建支援金には最大200万円の追加金も〜加算支援金〜

再建の手段に応じて加算支援金

被災者生活再建支援金には、最大100万円の基礎支援金のほかに、住まいの再建方法（建築・購入、修繕《ぜん》、賃借《ちんしゃく》）に応じて、追加で支払われる「加算支援金」があります。全壊等と大規模半壊では基礎支援金と加算支援金の双方が支払われる場合がありますが、中規模半壊（損害割合30％以上40％未満）では加算支援金のみが支払われます。

加算支援金は、1世帯につき最大で2

00万円です。基礎支援金とあわせれば、最大300万円の現金給付支援を受けられることが、被災者生活再建支援法には定められていることになります。

新たな住まいにうつるときには支援金をチェック

加算支援金は、基礎支援金と異なり、特定の再建手法をとる場合に支給されるものです。受け取るためには、自治体の窓口で申請をする必要があります。新しい住まいの契約書や見積書などを資料として提出する扱いがとられています。自

内閣府・防災情報のページ
「被災者生活再建支援法」

▼加算支援金の支給額

加算支援金：住宅の再建方法に応じて支給する支援金

住宅の再建方法 ／ 損壊の程度	建設・購入	補修	賃貸（公営住宅以外）
①全壊（損害割合50％以上） ②解体 ③長期避難	200万円	100万円	50万円
④大規模半壊（損害割合40％台）	200万円	100万円	50万円
⑤中規模半壊（損害割合30％台）	100万円	50万円	25万円

※いったん住宅を賃借したあと、自《みずか》ら居住する住宅を建設・購入（または補修）する場合は、合計で200（または100）万円

※支給額については、世帯人数が1人の場合は、各欄《らん》の金額の3/4

出典：内閣府ウェブサイト（http://www.bousai.go.jp/taisaku/seikatsusaiken/pdf/140612gaiyou.pdf）

治体にどのような資料が必要かを確認するようにしましょう。なお、再建時の世帯数は、災害発生当時の世帯数を基準にして判断されることになっています。

支援金の申請期限に注意

加算支援金を受け取れる期間は、災害発生から37か月以内です。決して忘れることがないように注意しましょう。東日本大震災など、被害が甚《じん》大で、加算支援金の支給期限までに住まいの再建ができないような地域では、延長の特例措置《そち》がとられています。実際にはいつまで申請

できるのか、自治体のウェブサイトや窓口を通じて確認するなど、常に注意しておく必要があります。

加算支援金は、基礎支援金と同じく「差押禁止財産《さしおさえきんしざいさん》」です。住まいを再生するに際して、住宅ローンについて「自然災害債務整理ガイドライン」（54頁参照）を先に利用している場合も考えられます。この場合でも、加算支援金を問題なく申請して、受け取ることができるのです。

Chapter 16

遺族等に最大500万円のお見舞い金 ～災害弔慰金①～

大規模災害時の見舞金支給制度を忘れずに

災害弔慰金(さいがいちょういきん)は、一定規模《きぼ》の災害(暴風、豪雨、豪雪、洪水、高潮、地震、津波その他の異常な自然現象)により亡くなった方や行方不明になった方のご家族に対し支払われる見舞《みまい》金です。「災害弔慰金の支給等に関する法律」(災害弔慰金法)が根拠になっています。

災害弔慰金法では、災害により行方不明となって3か月が経過した場合には、その行方不明者は亡くなったものと推定

するという扱いになっています。たとえば、東日本大震災では多くの方が行方不明になったことから、3か月経過後にご家族が災害弔慰金を申請するケースがたいへん多くありました。

災害弔慰金法は、「1市町村において住居が5世帯以上滅失した災害」や「都道府県内において災害救助法が適用された市町村が1以上ある場合の災害」など、一定規模の災害が発生した場合に適用されます。適用される災害かどうかについては、自治体の窓口やウェブサイトで確認するようにしましょう。

250万円または500万円の支給がある

災害弔慰金の金額は「生計維持《いじ》者」が死亡した場合は500万円であり、それ以外の者が死亡した場合は250万円です。

亡くなった方または行方不明の方が、残された家族の「生計を維持していたといえるかどうか」については、生活の実態や収入額の比較をおこなうなどにより、ケースごとに判断されます。災害弔慰金を受け取る側の収入状況も影響するのです。

受け取る側に収入が少しでもあったとか、偶然一時的な収入があったというだけで、一律に亡くなった方が生計維持者ではないと判断されるわけではありません。もし、亡くなった方や行方不明の方が「生計維持者」かどうかについて自治体の判断に疑問がある場合には、弁護士などの相談窓口に必ず相談してください。

災害弔慰金を受け取れる家族はだれか

災害弔慰金を受け取れるのは、（1）

内閣府・防災情報のページ
「災害弔慰金の支給等に関する法律」

配偶者（事実婚を含む）、子、父母、孫、祖父母、（2）（1）の該当者がいない場合には、死亡した者の死亡当時における兄弟姉妹で、当時同居していたか、または生計を同じくしていた者に限られます。

東日本大震災より前の災害では、（2）の兄弟姉妹は、法律上は災害弔慰金を受け取れる対象者になっていませんでしたが、東日本大震災直後に法改正があり、一定の条件のもと、兄弟姉妹であっても災害弔慰金を受け取れるようになりました（http://www.bousai.go.jp/taisaku/choui/choui.html）。

災害弔慰金は差押《さしおさえ》禁止財産です。たとえば「自然災害債務整理ガイドライン」（50頁参照）を利用した場合でも、全額を手元に残すことができるのです。また、行方不明の方のご家族も申請することができます。これからの生活に必要なお金ですから、ぜひ申請してほしいと思います。

Chapter 17

「関連死」でも受け取り可能な弔慰金〜災害弔慰金②〜

災害関連死とはなにか

災害弔慰《ちょうい》金法は、「災害により死亡した者の遺族」へ災害弔慰金を支払うとしています。「災害により死亡」とは、災害時における直接死（圧迫死、溺《でき》死、焼死等）の場合と、いったん助かったもののその後に災害の影響で亡くなる「災害関連死」の場合があります。

災害関連死とは「災害による直接死以外で、災害と死亡との間に相当因果関係《そうとういんがかんけい》が認められる死亡」のことです。たとえば、死期が迫る重い病気を抱えていて、

避難所生活のストレスでそれが悪化して死期を早めたような場合や、災害後にストレスや精神的ショックなどが原因で自死に至ってしまった場合に、「災害関連死」と判断した事案もあります。災害がなければそのような亡くなり方はしなかった、といえるような場合です。

相当因果関係の判断は難しい

災害関連死は、相当因果関係の有無という法律的な評価をして認定しますので、災害弔慰金を申請した自治体の窓口が直ちに判断できるものではありません。過去の災害では「災害から一定期間（たとえば6か月）経過していた場合には、原則として災害関連死と認められない」という誤解がまん延したことがあります。これは明らかな誤りです。さまざまな事情を総合的に考えて法律的な相当因果関係の有無を判断するのが、災害関連死の認定なのです。

ですから、災害関連死の判断には法律実務の専門家の関与が不可欠です。また、判断資料のひとつとして医学的・福《ふく》祉《し》的な観点からの意見も必要です。そこで、市町村ごとに「災害弔慰金支給審査委員会」（審査会）を設けて、弁護士や医師といった専門家を委員として災害関連死の認定をする運用になっています。

災害関連死かどうかは、申請前から明らかなわけではありません。だからこそ、ご遺族が災害の影響があると感じていれば、災害弔慰金の申請をすることをちゅうちょする必要はないのです。

ワンポイント豆知識

重い障害を負ったら災害障害見舞金制度

災害障害見舞《みまい》金とは、一定規模《きぼ》の災害により重度の障害を受けた方に支払われる見舞金です。災害弔慰金と同じく災害弔慰金法が根拠になっています。

対象となる自然災害の規模も災害弔慰金の場合と同じです（68頁参照）。受給できるのは、災害により高度の障害を受けてしまった方で、具体的には、両眼失明、要常時介護、両上肢《じょうし》ひじ関節以上切断等の重度障害をいいます。具体的にどのような場合に該当するのかは、自治体窓口に問い合わせてください。

金額は、生計維持《いじ》者が重度障害を受けた場合には、２５０万円です。その他の方が重度障害を受けた場合には、１２５万円です。主として生計を維持していたかどうかの考え方は、災害弔慰金の場合と同じです。

災害障害見舞金は差押《さしおさえ》禁止財産です。「自然災害債務整理ガイドライン」を利用した場合でも、全額を手元に残すことができます（52頁参照）。

Chapter 18

3年間は返済の必要なし 災害援護資金の貸し付け

被災した場合の公的な貸し付け制度

大きな災害（都道府県内で災害救助法が適用された市町村が1以上ある災害）により、世帯主が負傷したり、家財や住宅が被害を受けたりした場合には、自治体による「災害援護資金」の貸し付け制度を使うことができます。「災害弔慰《ちょうい》金法」がその根拠です。

災害援護資金の貸し付け限度額は、1災害1世帯あたり350万円であり、被害に応じて限度額が決まっています。住

宅全体の滅失《めっしつ》・流失被害であれば、それだけで350万円まで借り入れ可能ですが、世帯主が1か月以上療養が必要な負傷をしたといった被害だけの場合の借り入れ可能額は、150万円となります。

そのほかのパターンについては、内閣府（防災担当）のウェブサイトで確認してください（http://www.bousai.go.jp/taisaku/choui/pdf/siryo1-2.pdf）。

なお、制度を利用する場合には、所得制限もありますので、同様に内閣府のウェブサイトで確認をしてください。

内閣府（防災担当）
「災害援護資金の概要①・②」

利息は年3パーセント以内で3年間は返済不要

災害援護資金の利率は年3パーセント以内の条例で定める率です。自治体ごとに確認が必要になります。返済方法は、年《ねん》払い、半年払い、月払いがあります。

借り入れから3年間（特別の場合は5年間）は「据置《すえおき》期間」となり、返済をする必要がなく、その間の利子もつきません。

返済期限は据置期間を含んで10年です。つまり最初の3年間は何も支払わなくてよいことになりますが、その後は、残った7年のうちに、全額を分割支払いしていくことになります。

かつては連帯保証人が必要でしたが、2019年の政令改正により必須ではなくなりました。連帯保証人を立てる必要があるかどうかは、市町村の条例しだいということになります。

あくまで借金なので利用は慎重に

災害援護資金は、災害弔慰金（遺族と行方不明者家族に最大500万円）や災害障害見舞《みまい》金（重い障害を負った場合の見舞金制度）のように、返済不要の給付金ではなく、あくまで「借金」です。返済の目途などについては慎重に判断したうえで、制度の利用を検討しなければなりません。

　もっとも注意しておきたいのは、返済が難しくなり、定められた期限に支払いができないような場合です。この場合は、年5パーセントの延滞《えんたい》利息が発生してしまいます（2019年4月改訂。それまでは延滞利率は10・75パーセントでした）。支払いができない事情がある場合には、事前に自治体に対して、適切な手続きをとっておく必要があります。

災害援護資金の借り入れをするかどうかの見極めは慎重におこなってください。また、もし途中で支払いが困難になったら、必ず弁護士などへ相談をして、決して放置することのないようにしてください。

Chapter 19

自治体が配分する義援金の申請を忘れずに

義援金とはなにか

自然災害義援金とは、「自然災害の被災者等の生活を支援し、被災者等を慰藉《いしゃ》する等のため自発的に拠出された金銭を原資として、都道府県または市町村（特別区を含む。）が一定の配分の基準に従い被災者等に交付する金銭」をいいます。

公的な支援以外の被災者への金銭的支援には、個人や法人から直接被災者や被災事業者へ支援するケース、被災者支援や復興支援を担《にな》う民間団体へ支援するケース、被災地の都道府県や基礎自治体

などの行政機関へ直接支援するケース、直接または間接的に日本赤十字社へ募金するケースなど、さまざまなパターンがあると思います。

ここでは、さまざまな方法によって寄付金などが集められ、それが被災地の自治体に届けられた結果、一定の基準により被災者へ配分される「自然災害義援金」について説明します。

義援金の配分基準や金額は災害や地域によってさまざま

義援金は、住宅被害の程度、家族に亡

くなった方や行方不明者がいるか、災害によって負った障害の程度、個人事業主などで事業所が被災した場合など、さまざまなカテゴリーについて金額が決められることが通常です。一律のルールはなく、被災地の被害の実態に応じて、自治体ごとに個別に決定されています。

たとえば、全壊住宅のほかにも、半壊住家や一部損壊住宅が多く、再建困難が続く被災地では、半壊や一部損壊にも、一定程度の義援金を配分することが実施されています。特に準半壊や一部損壊住宅には、被災者生活再建支援金（60頁参照）の支払いがありませんので、義援金が唯一《ゆいいつ》の現金支給支援となる場合もあります。

このように、義援金は、必ずしも十分な公的支援が受けられない被災者へ給付支援をするための原資にもなるのです。

義援金は差押禁止財産として保護される

東日本大震災、熊本地震、平成30年特定災害（大阪府北部地震と西日本豪雨）、令和元年特定災害（8月の九州豪雨と台風15号・19号、10月の東日本豪雨）、令和2年

7月豪雨では、自治体が被災者へ配分する「義援金」を「差押《さしおさえ》禁止財産」とする特例法が、弁護士らの提言もあり成立しています。義援金が、被災者の生活再建の原資として確実に手元に残るようにという願いが、特例法を生みました。

その後、2021年6月、「自然災害義援金に係る差押禁止等に関する法律」が成立し、2021年1月以後の自然災害の義援金は、災害の大小を問わず差し押さえが禁止されることになりました。

自然災害義援金は差押禁止財産ですので、破産手続きのときや、「自然災害債務整理ガイドライン」（50頁）を利用したときに、義援金を返済原資として計上しなくてもよいことになります。人々の善意によるお金が、確実に被災者の手元に残せるということです。

コラム 4

コロナ給付金を保護せよ

新型コロナウイルス感染症は国民の家計に大きな影響を与え、医療福祉従事者の就労環境も苛烈《かれつ》を極めました。国から国民ひとりひとりへの直接的な現金給付支援が切望され、2020年度には、(1) 国民に一律給付される10万円の「**特別定額給付金**」、(2) 児童手当受給世帯へ上乗せされる児童1人当たり1万円の「**子育て世帯臨時特別給付金**」、(3) 低所得のひとり親世帯への支援の観点から支給される母子家庭等対策費補助金の「**ひとり親世帯臨時特別給付金**」、(4) 新型コロナウイルス感染症緊急包括《ほうかつ》支援交付金の「**医療福祉機関等職員等慰労金**」、(5) 新型コロナウイルス感染症セーフティネット強化交付金の「**子育て世帯生活支援特別給付金**」などの新しい給付金支援が実行されました。

これらは、あくまで特別の予算措置による臨時制度であるため、被災者生活再建支援金（Chapter 14)、災害弔慰《ちょうい》金（Chapter 16）および自然災害義援金（Chapter 19）のように、「差押禁止《さしおさえ》財産」として支援が確実に国民の手に届くような給付金保護のしくみがありませんでした。このことに気がついた法律家らの提言や与野党をまたいだ国会議員の活動により、**特別定額給付金などの各種給付金をいずれも「差押禁止財産」とする法律が2020年4月から1年の間に合計3本成立**するに至りました。法案提出の際には、東日本大震災以降の災害で培《つちか》われてきた、災害時の義援金（Chapter 19）を保護する（差押禁止財産とする）ための議員立法のノウハウが活かされています。

Part

5

トラブルの解決

争いごとの解決、
お金の被害防止、
女性や子どもを守る

Chapter

20

賃貸借契約の紛争は災害ADRによる解決を ～災害ADR①～

被災地では「争い」がおきる

大災害の被災地は「賃貸借契約《ちんたいしゃく》」をめぐる紛争が多くなる傾向にあります。特にアパートやオフィスが多い都市部で、件数が多くなる傾向にあります。東日本大震災の宮城県や、熊本地震の熊本県では、1年間を通じて、弁護士によせられた無料法律相談のなかでもっとも多いカテゴリーとなりました。

あくまでモデルケースですが、「借りているアパートの水回りや扉の一部が壊れているので修理を家主（賃貸人）へ依

頼しても、資金がないなどとして修繕《ぜん》してもらえないが、どうすればよいか」「家主（賃貸人）から、修繕できず余震も心配なので契約は終了し、退去してほしいと言われてしまったが、行くあてもないので困っている。契約はどうなるのか」といった相談事例が代表的です。

法律や契約の建前だけでは解決しない

賃貸借契約においては、賃貸人が物件の修繕義務を負っています。また、賃借人側が先に修繕をした場合には、それにかかった修繕費用をあとから請求することもできます。しかし、実際問題としてはどうでしょうか。

家主（賃貸人）も賃借人と同様に被災者であったり、一度に資金繰りができず、修繕したくても修繕できないというジレンマにおちいっている場合もあるのです。実際に、賃貸人の側から弁護士の無料法律相談にくるケースも非常に多いのです。

こうなってくると、裁判により判決を取得するまで紛争を続けても得るものは少なく、また、ただでさえ被災して苦しい時に負担をかけてまで争いたくないという人たちも、たくさん出てきます。

訴訟ではなくADRが有効

そこで利用を促《うなが》したいのは「災害ADR」（震災ADR）です。「ADR」とは裁判外紛争解決手続きのことで、裁判所を利用せず、話し合いで紛争解決を目指す手法のことをいいます。このうち、災害時の被災者からの相談（被災者が当事者となっている紛争）に特化したADRが「災害ADR」です。

これまで、大規模《きぼ》被災地では、都道府

県の弁護士会が「災害ADR」を独自に開設してきました。弁護士が仲介《ちゅうかい》役を担《にな》い、あっせん案を提示するなどして、当事者の自主的な解決を促していくしくみです。災害をきっかけとした賃貸借紛争の解決には効果的であるとされています。

「災害ADR」では、申し立て段階の費用を無償《むしょう》にしたり、和解が成立したときの報酬《ほうしゅう》を平常時の基準から減額したりと、各弁護士会が独自に工夫をしてきています。たとえば、広島弁護士会では「災害はなしあいサポート」という親しみやすい名称を使っています。被災地で弁護士会が「災害ADR」を開催していないか、ぜひ情報を得るようにしてください。

弁護士会には「紛争解決センター」（ADRセンター）があり、平常時から和解あっせんや仲裁《ちゅうさい》の申立てを受け付けています。「災害ADR」がない場合には、通常のADRを利用することも検討してください。

Chapter 21

自宅損壊で隣家に被害が出たら ADR活用も 〜災害ADR②〜

屋根・塀・石垣で被害を受けたら・与えたら

住まいを失うほどの被害が発生しなくても、地震や風水害によって、建物の一部、敷地の地盤、がれきなどが、敷地や建物から近隣《りん》へ落下・流入などすることで、損害を受ける・与えるということが数多くおきます。

モデルケースですが、「震度6強の地震で所有する自宅の瓦《かわら》屋根が落下し、隣家のカーポートと自動車を壊してしまった。損害賠償請求されているが、地震が

原因であっても支払い義務はあるのか。不可抗力ではないのか」という内容の相談は、弁護士の相談窓口にも多く寄せられる類型です。

　民法には、損害賠償《ばいしょう》責任を負う根拠として「工作物責任」というものがあります。占有者は、土地の工作物（自宅建物や境界塀《へい》など）の「瑕疵《かし》」（通常あるべき性能を備えていない）によって相手方に損害を与えた場合は、損害賠償責任を負うとされています。占有者は、自身が損害発生防止のための必要な注意をしていたことを立証できれば、工作物責任を免《まぬが》れます。その場合には、所有者に責任が発生し、過失がなくても責任を負います。

瑕疵や不可抗力の判断は容易ではない

自然災害が一因となっているケースでは、過去に発生した災害の規模《きぼ》、発生の頻《ひん》度、発生原因、被害の性質などを総合的に考慮したうえで、それらとの関係で安全性を有していたかどうかという観点から、「瑕疵」の有無を判断しています。

さらに、「瑕疵」があっても、自然災害の影響が大きく、「不可抗力」だから損害賠償責任がないとされた裁判例もありました。また、損害額の算定の際に、自然災害による「寄与《きよ》度」（影響度）を考慮して、本来の損害額よりも少ない金額を賠償するよう判断した裁判例もあります。

地震で震度6強だから、というように単純に震度だけを考慮して不可抗力かどうかを決めるのではありません。

災害ADRによる話し合いが有効

結局のところ、「瑕疵」の有無や、「不可抗力」かどうかの判断には、さまざまな資料や調査が必要です。裁判になれば、長期間の争いになることが予想されます。

そこで利用が期待されるのが、弁護士会が設置する「災害ADR（震災ADR）」です（86頁参照）。

中立な弁護士が和解仲介人《ちゅうかいにん》やあっせん人となり、当事者の言い分をよく聞いたうえであっせん案を提示するなどして、当事者の話し合いによる解決を促《うなが》す制度です。東日本大震災の仙台弁護士会や、熊本地震の熊本県弁護士会ほか、その後の災害でも実施されています。特に「賃貸《ちんたい》借《しゃく》契約」「近隣紛争」「がれきなどによる損害賠償」「相続問題」「労働問題」「各種契約トラブル」などを中心に、一定程度解決してきた実績があります。

大きな災害があった場合には、都道府県の弁護士会が「災害ADR」を実施しているかどうかを確かめ、まずは、手続きの利用方法などについて相談をしてみることをおすすめします。

Chapter 22

便乗・悪質商法に注意！契約は慎重に

災害後は悪質業者の被害にあいやすい

大災害時には、災害に便乗した悪質商法や契約トラブルが発生する傾向にあります。屋根の修理、リフォーム、各種物品の訪問販売業者、そして自称点検業者、自称保険手続き代理業者などが、避難所や仮設住宅を訪れます。工事を発注しても不十分な工事しかしなかったり、法外な金額を請求してくるといった被害事例が報告されています。

災害後におきやすいものとしては「点

検商法」「修繕《ぜん》詐欺」「便乗商法」が挙げられます。自宅の被害認定や修繕費用の見積もりには専門的知識が必要です。これらに便乗し、適切な業務をせずに法外な金額を請求するということがおきているのです。具体的には「業者に災害で壊れた屋根の修理を依頼したが、高額な代金を請求された。どうすればよいか」などの相談報告があります。

行政の名前をかたる業者も

罹《り》災証明書の被害認定は行政側がやってくれますので、もし罹災証明書の発行を理由に、行政の委託を受けているわけでもない民間業者がアプローチしてきた場合は、警戒しなければならないでしょう。常に自治体の窓口に確認するなどの慎重さが必要です。

住宅再建段階でもトラブルに

住まいの再建の段階では、リフォームの訪問販売業者にも注意が必要です。「自宅に訪ねてきて、屋根が壊れているなどと言って強引に修理を勧誘する業者がいる。どのように対応すればよいか」といった相談につながります。まずは、拙《せっ》速《そく》な契約は避け、「消費者ホットライン」や弁護士の無料相談窓口などに経緯を話してください。万一契約をしてしまっても、訪問販売や電話勧誘販売は、「特定商取引法」に基づき、法定の書面(不備のない正しい内容が記載された契約書面など)が適切に交付されてから8日間はクーリングオフ(契約解除)ができます。

大災害後に限られませんが、住まいにかかわる金額の大きな契約をする際には、弁護士の無料法律相談や消費生活センターへの事前相談をおすすめします。

被害にあわないための知識を

被害にあわないためには、正しい窓口で正しい手続きをすることが必要です。たとえば保険に関しては、保険会社が直接契約者をサポートしますので、業者が介入する必要はありません。必ず契約している保険会社か、正式な代理店に問い合わせるようにしてください。

また、少しでも安心な業者に住まいの修繕《ぜん》等を依頼するためには、「住まい再建事業者検索サイト」（https://sumai-saiken.jp/）で業者を探すとよいでしょう。国土交通省の「住宅リフォーム事業者団体登録制度」の登録団体や、住宅関係団体に所属している事業者等を検索できるようになっています。

住まい再建事業者
検索サイト

心配なことや、不審に思うことがあれば、消費生活センターや消費生活相談窓口につながる「消費者ホットライン」（188《いやや》番）などに連絡して相談してください。

Chapter 23

避難所環境と女性や子どもの権利に配慮を

避難所に女性や子どもの視点を

内閣府男女共同参画《さんかく》局の「男女共同参画の視点からの防災・復興の取組《とりくみ》指針解説・事例集」（2013年）や「災害対応力を強化する女性の視点～男女共同参画の視点からの防災・復興ガイドライン～」（2020年）は、女性や弱い立場の方への暴力等防止策について明確な指針を示しています。

たとえば同ガイドラインでは、「避難所などのプライバシーを守ることが難し

い環境において、性暴力が起こることがあります」「ボランティアや支援者からの暴力やセクハラ、被害者から支援者等への暴力・セクハラもあります」など過去の被害例を記述しています。そして、非常時は被害者が平時以上に助けを求めにくい環境なので、『すでに暴力が発生している』ことを前提に必要な予防と支援対応策を講ずる」べきだとしています。

私たちは災害後の避難所において、女性や子どもの権利が保護されているかに常に目を配り、理解して実践《せん》しなければならないということです。

プライバシーの確保や生理用品の確保が大切

公共施設などを利用した避難所の初期段階では、プライバシー確保が難しい状態におちいることもあります。また、避難所にパーテーションや段ボールベッドが配備されて、プライバシーが確保されたあとも、犯罪に巻き込まれる危険は尽きません。あらゆる段階で女性や子どもが守られる環境づくりが必要です。

避難所で生活を送ることがやむを得ない場合も多いと思います。その場合には、女性や子どもに不可欠な生活備品の整備を求めることは、女性らにとって当然の権利だと考えてください。女性特有の観点で言えば、(1)生理用品や下着などの差し入れ支援、(2)段ボールなどで簡単に設置できる更衣室設置支援（避難所運営者や自治体との協力が必要です）、(3)防犯ブザーの配布、などがおこなわれてしかるべきだといえます。

避難所運営に女性や子どもの意見を反映させよう

必要な物資の備蓄《びちく》や支援は法律やガイ

ドラインの根拠があります。たとえば内閣府が作成した「避難所運営ガイドライン」（2016年4月）には、「女性や子供は特別なニーズを持った存在です。例えば、生理用品や更衣室スペース、授乳室の必要性等、配慮することで、多くの人が安心して過ごすことができる環境が維持できます。災害時であっても、最大限考慮するよう心配りをすることが重要です。また、女性自身の視点から、避難所運営を実施するために、委員会への女性の参画《さんかく》も促《うなが》しましょう。具体的には、少なくとも行政の審議会等において一般に目標とされている、委員の3割以上は女性の参画があることが望ましいと考えられます。」との説明があります。

国連が2015年に決議した「持続可能な開発目標（SDGs）」では「ジェンダーの平等を達成し、すべての女性と女児のエンパワーメントを図る」という項目があります。大災害時であるからこそ、世界共通の目標を意識しておきたいものです。

コラム 5

新型コロナの紛争にもADR

新型コロナウイルス感染症のまん延《えん》により、解雇・内定取り消し・賃金カット等の**労働問題**、契約キャンセルに伴うトラブルや**消費者問題**、家賃の支払い困難といった**賃貸借《ちんたいしゃく》契約の紛争**が多数おきました。これらの紛争を、すべて裁判所の訴訟手続きで解決しようとすると、当事者の負担も大きく、時間もかかってしまいます。判決を得てもそれを民事執行で実現できる可能性が低い場合もあります。このような紛争の解決において役立つのが**「ADR」（裁判外紛争解決手続）**です。裁判によらず、話し合いによって、すばやく当事者間の合意を目指す紛争解決手法です。

各地の弁護士会は、新型コロナ禍《か》の影響が深刻になってきたことをうけて、「**新型コロナ ADR**」窓口を開設しました。平常時におこなわれている弁護士会の ADR（仲裁《ちゅうさい》センターや紛争解決センターなどの名称があります）において、新型コロナ禍の影響による紛争について特別の窓口を設けて扱うことにしたのです。弁護士会がこれまでの災害時に開設してきた「災害 ADR」のノウハウ（Chapter 20・21）を活かしたものです。災害 ADR のように、**申し立て手数料などの費用が優遇《ゆうぐう》されており、支援弁護士によるサポートを期待できる**場合がほとんどです。2020 年のうちに少なくとも 11 の弁護士会が特別の「新型コロナ ADR」を開設し、なかにはオンラインウェブ会議システムを活用するケースも出ています。

Part

6

生活を取り戻す

新たな住まい、
住宅の修理、
相続などの手続きの支援

Chapter 24

相続放棄ができる期限に注意を

相続放棄には期限がある

人が亡くなると「相続」が開始されます。相続人は原則として、亡くなった方（「被《ひ》相続人」といいます）のプラスの財産（不動産や現預金など）も、マイナスの財産（借金など）も、その一切《いっさい》を引き継ぎます。これを「単純承認」と呼びます。

しかし、被相続人に多額の借金があれば、相続人が借金だけを背負い込むことになりかねません。このような不都合を回避するため、権利義務の一切を（プラス・マイナスを問わず）引き継がない、

「相続放棄」という手続きがあります。

相続放棄をするためには、相続の開始（被相続人の死亡）があったことを知ったときから「3か月以内」に、家庭裁判所で相続放棄の手続きをしなければなりません。この3か月を「熟慮《じゅくりょ》期間」といいます。この期間が経過すると、マイナスの財産も含めて一切を引き継ぐ「単純承認」となります。相続人は、被相続人の財産状況を迅速《じんそく》かつ正確に調査し、相続放棄か単純承認かの決断を急がなければならないのです。

このとき注意が必要なのは、相続財産

を使用・消費してしまうなどすると、自動的に単純承認になってしまう点です。

いずれにせよ、相続関係の手続きは弁護士、司法書士、税理士など専門家に相談しながらおこなうことをおすすめします。

熟慮期間を延長する

災害時には、相続人が把握《はあく》している資産も大きな被害を受け、どの程度の価値があるのか、すぐには判明しません。被相続人の借り入れ状況を把握していないこともしばしばです。したがって、そもそも相続放棄をすべきか、単純承認をすべきかの判断に相当の時間がかかります。

まず実施すべき対策は、3か月の間に、被相続人の最後の住所地の家庭裁判所への「相続の承認または放棄の期間の伸長《しんちょう》」（熟慮期間の延長）の申し立てです。

大災害であれば相応の熟慮期間の延長が認められることが多いでしょう。

大災害では法律で熟慮期間が延長される場合も

「特定非常災害の被害者の権利利益の保全等を図るための特別措置《そち》に関する法律」（特定非常災害特別措置法）が政府に

より発動されると、相続放棄の熟慮期間の満了日が、本来の3か月目より先の日(最大1年先)に延長される場合があります。ただし、相続人が、指定される区域の市町村に住んでいた場合に限られます。

過去の例では、東日本大震災、熊本地震、西日本豪雨、令和元年台風19号、令和2年7月豪雨で特定非常災害特別措置法が発動され(東日本大震災は臨時立法で対応)、熟慮期間が延長されました。実際に延長されるのは半年あまり程度なので、手続きは急ぐ必要があるでしょう。

2018年6月28日が発生日の西日本豪雨では、特定非常災害特別措置法により、2019年2月28日まで熟慮期間が延長されました。相続人が、被相続人の死亡を知ったのが5月1日の場合、本来は3か月後の8月1日までが熟慮期間ですので、半年以上延長されたことになります。

Chapter 25

特別法の発動で行政手続き等の期限が延長に

特定非常災害特別措置法で期限延長や手続き緩和《かんわ》

災害により各種手続き（運転免許のような許認可手続き、事業報告書の提出、薬局の休廃止等の届出など）ができず、期限が過ぎてしまうことがあります。そのような場合に免許失効などの不利益を受けないようにする法律があります。

それが「特定非常災害の被害者の権利利益の保全等を図るための特別措置《そち》に関する法律」（特定非常災害特別措置法）です。内閣府が特定非常災害特別措置法を

発動（政令指定の閣議《かくぎ》決定をします）することで、そのあとは、各省庁が対象となる手続きを列挙すれば足りるようにしているのです。

大災害では災害自体が特定非常災害になるかどうか、どの地域においてどの程度の延長措置があるのか、などにも注目する必要があるのです。

特例措置にはさまざまなカテゴリーがある

特例措置は現時点で7類型あり、手続きを担当する行政機関や窓口も膨《ぼう》大な数

▼特定非常災害特別措置法の特例措置

(1) 行政上の権利利益に係《かか》る満了日の延長（3条）
(2) 期限内に履《り》行されなかった義務に係る免責（4条）
(3) 債務超過を理由とする法人の破産手続き開始の決定の特例（5条）
(4) 相続の承認または放棄をすべき期間に関する民法の特例措置（6条）
(5) 民事調停法による調停の申し立ての手数料の特例措置（7条）
(6) 建築基準法による応急仮設住宅の存続期間等の特例措置（8条）
(7) 景観法による応急仮設住宅の存続期間の特例措置（9条）

になります。また、カテゴリーごとに延長される期間なども異なります。自《みず》らがどのような立場におかれているのかをよく考えて、関係している窓口に問い合わせるようにしてください。

国の省庁のウェブサイトで手続き一覧を確認する

特定非常災害特別措置法による延長措置は総務省のウェブサイトのお知らせにまとめられることになっています。令和元年台風19号では「令和元年台風第19号による災害「特定非常災害」指定について（各種の許認可等（運転免許等）の有効期間の延長などが行われます。）」という特設ページが設けられています。そこには制度を簡単に解説する「被災者のみなさまへ」というチラシや、「存続期間（有効期間）が延長される許認可等一覧」と題したファイルが掲載されました。これにより、すべての手続きをチェックできるようになっています。

特定非常災害特別措置法が発動された例としては、阪神・淡路大震災（１９９５年）新潟県中越地震（２００４年）、東日本大震災（２０１１年）、熊本地震（２０１６年）、西日本豪雨（２０１８年）、令和元年台風１９号（２０１９年）、令和２年７月豪雨（２０２０年）があります。

Chapter 26

仮設住宅に入れない!? 自宅の応急修理制度利用には注意を

災害救助法に基づく応急修理制度

深刻な被害が発生したり、またそのおそれがある場合には「災害救助法」の適用を都道府県が決定します。災害救助法の適用地域では、「住宅の応急修理」という支援をうけることができます。

住宅の応急修理とは、災害のため住宅が「大規模《きぼ》半壊」「中規模半壊」「半壊」「準半壊」の被害を受け、そのままでは居住できない場合であって、応急的に修理すれば避難所等への避難をせずとも居住

できる場合に利用が見込まれている、必要最小限の住宅応急修理制度です。
修理の対象は、屋根、壁、床、台所、トイレ等日常生活に必要かつ欠くことのできない部分であって、より緊急を要する箇《か》所など狭《せま》い範囲に限られています。
また運用上、「半壊」や「準半壊」の世帯がこの制度を利用する場合には、原則として所得制限があります。

お金を受け取るのは被災者ではなく業者

修理費用は「大規模半壊」「中規模半

壊」「半壊」世帯を修理する場合には、1世帯あたり約60万円以内です。

2019年10月以降の運用で、「準半壊」（損壊割合10％以上20％未満）にも支援が拡大されましたが、金額は1世帯あたり30万円以内です。

応急修理制度は、自治体が業者を派遣して直接修理する現物サービス支援です。修理費用として定められた金額は、自治体が直接修理業者に支払います。被災者のほうにお金が支給されるものではありません。

ここで注意が必要なのは、先に自《みず》ら業者を手配して修理をしてしまうと、応急修理制度の支援対象外となってしまう危険があるということです。どのような手続きをふめばよいのかは、災害がおきるつど、自治体のウェブサイトで必ず確認する必要があります。

ただし過去の災害では、工事が完了しても工事代金を払っていなければ住宅の応急修理制度の利用申請ができる、という対応をしたこともあります。しかし、それぞれの災害で自治体が同じように対応するとは限らないので、修繕《ぜん》工事を申し込む段階では、必ず弁護士等に支援の利用についての相談をしてみてください。

応急修理をおこなうと仮設住宅に入居できない

原則として、応急修理を選択した場合は仮設住宅への入居はできません。災害救助法では、応急修理をした以上は住宅に住めるはず、という考え方があるからです（実際は「半壊」に至れば60万円程度の修理で住めるようになることはまずありませんので、こうした運用は批判が大きいところです）。ただし、一定の条件下で応急修理期間中に限り、応急仮設住宅を使用できる場合があります。住まいの選択はとても重要な問題ですので、制度の利用前によく考え、弁護士の無料法律相談を受けるなどして入居要件を確認してください。

借家の所有者（賃貸《ちんたい》人）が修理をできないため居住者（賃借《ちんしゃく》人）が住まいを失う場合には、所有者の同意を得て、居住者が応急修理を利用できる場合があります。

Chapter 27

新しい借り入れのしくみ「リバース・モーゲージ」を検討しよう

新たな借り入れの判断は慎重に慎重を期して

住まいの再建や修繕《ぜん》のために、新しい借り入れをしなければならない場合も多いと思います。金融機関は利息の優遇や親子ローンなどの商品を用意していますが、年齢や収入により利用ができないこともあります。そもそも、新しい借り入れは人生設計においても大きな負担となりますので、慎重《しんちょう》に慎重を期して検討しなければなりません。

高齢世帯には災害版リバース・モーゲージが有効

ひとつご紹介できるとすれば、住宅金融支援機構（旧住宅金融公庫）の「災害復興住宅融資（高齢者向け返済特例）」（高齢者向けリバース・モーゲージ）です。これは、自宅不動産などを担保《たんぽ》にして金融機関から借り入れをするわけですが、金融機関は契約者が亡くなったときに一括で担保に入れた不動産を売却して資金回収をすることを想定しています。契約者の存命中は利息分だけを支払っておけばよい、というしくみです。

たとえば、「高齢で新たな融資も収入増も難しいが、土地は残っているので、家を修理して暮らしていきたい。子どもたちの家族は別に家があるので今の自宅を相続で残す必要はない」といった声にはぴったりの制度といえるでしょう。

利子返済だけでもよい

災害時の高齢者向けリバース・モーゲージは、熊本地震をきっかけに開発された商品で、一定以上の被災をした世帯（たとえば熊本地震では仮設住宅入居要件を満たす世帯）で、申し込み時に60歳以上の被災者を対象にした融資です。詳しいことは、住宅金融支援機構や弁護士会の窓口に問い合わせて情報収集をしていただきたいと思います。

簡単に言えば、（1）既存《きそん》の自宅や敷地、新しく再建・購入する自宅等を担保にして融資を受け、（2）返済は毎月の利息分のみでよく、（3）元金《がんきん》返済方法は、申し込んだ人（夫婦の場合は二人とも）が亡くなった時に不動産を売却して元金を返済する、（4）債務が残っても相続人には請求がなされない、というものです。

なお、存命中に完済できれば土地や建物も残せます。

一般的な「リバース・モーゲージ」とは、主に高齢者が自宅を担保（モーゲージ）にして老後生活費を借り入れることを指します。存命中は借り入れ金の利息分だけを支払えば足ります。融資限度額（通常は担保にした不動産を売却すれば十分に返済できる金額に設定されます）の範囲で年金形式で借り入れ金を受け取る「借り増し」もできます。通常は返済して減っていくローンが、「逆（リバース）」に増えていくので「リバース・モーゲージ」というわけです。

Chapter 28

仮設住宅の入居要件は緩和されることもある

仮設住宅にもいろいろある

災害救助法が適用されると、住宅が全壊、全焼、流出等した場合で、自《みず》ら《か》の資力では住宅を得ることができない世帯に対しては、「応急仮設住宅」が提供されます。応急仮設住宅には「建設型応急住宅」と「賃貸《ちんたい》型応急住宅」があります。建設型応急住宅は、仮住まい住宅を実際に建設するもので、原則として建設から2年間が入居期間です。

賃貸型応急住宅は、「みなし仮設住宅」と呼ばれているものです。この場合は、

入居者が自ら家主らと賃貸借契約を締結するのではなく、都道府県等が借り上げたものが提供されます。どのような手順で住まいを探し、入居するのかは、自治体の窓口で必ず確認してください。

　このほか高齢者・障害者などが、「老人居宅《きょたく》介護等事業」等を利用しやすい構造・設備を備えた「福祉《ふくし》仮設住宅」を自治体が建設する場合もあります。2018年9月に発生した北海道胆振《いぶり》東部地震では、北海道当局により、被災した特別養護老人ホームや障害者福祉施設の入所者全員が入居できる大型の福祉仮設住宅が全国ではじめて整備されました。

仮設住宅の申し込み期限と入居要件に注目する

仮設住宅への入居を希望する場合には、自治体の窓口へ入居申請をする必要がありますので、受付の開始や時期を見逃すことがないように注意しましょう。

申し込みの条件として、所得制限があり、一定収入以上の世帯は利用できないこともあります。しかし、大災害では所得制限が撤廃《てっぱい》されることもありますので、そのつど自治体の窓口に問い合わせる必要があります。新潟県中越地震や東日本大震災でも、特に厳格な資力調査をおこなうことなく、さまざまな事情で入居を希望した被災者の全員に、仮設住宅を提供できた自治体もあります。

自宅が「全壊」でなくても入居できることが多い

一般的な基準では、自宅が「全壊」した場合に応急仮設住宅を提供すると記載されています。実際は、住宅が無傷でも、土砂《どしゃ》崩れや地盤損傷によって居住するには危険があったり、インフラの断絶で十分な生活ができない場合、余震などへの精神的な不安が強く自宅にいることができない場合など、さまざまなケースで応急仮設住宅を提供してきました。

諸事情で避難所に入らずに自宅で被災後の生活を送っていたとしても、入居が一律に拒否されるわけではありません。入居を希望する場合は、窓口にその希望と理由をしっかり伝えるようにしましょう。また、弁護士等の相談を受けることで、入居できる要件を確認しておくこともおすすめします。

建設型応急住宅の入居期間は原則2年です。東日本大震災や熊本地震のように「特定非常災害特別措置法」が適用されると、1年以内の延長ができます。東日本大震災では、まちづくりや住宅再建に長期間を要しており、延長後にさらに再延長をする特別措置法も作られています。

コラム 6

コロナと避難所TKB

合言葉は「**避難所 TKB**」――。災害後の避難生活において健康を維持し、災害関連死（Chapter 17）を防ぐことを目指した、**「避難所・避難生活学会」**が提唱する標語です。**「T」はトイレ**（水洗式コンテナトイレ等の設置）、**「K」はキッチン**（温かく栄養に配慮した適温食・介護食・離乳食の即時提供）、**「B」はベッド**（段ボールベッド等の簡易《かんい》ベッドの導入と居住区画の整備）です。

多くの避難所では、相変わらず雑魚寝《ざこね》が続き、温度や栄養に配慮した食事は行き届かず、水洗トイレの設置も遅れています。これらが感染症や既往《きおう》症悪化などをもたらし、災害関連死につながってしまうのです。

新型コロナウイルス感染症のまん延下で避難所生活を余儀なくされる場合には、まさにこの「避難所 TKB」が最低限の環境整備として欠かせません。内閣府も「**新型コロナウイルス感染症対策に配慮した避難所開設・運営訓練ガイドライン**」（2020 年 6 月に第 1 版・随時更新）を策定したうえ、感染症対策に必要な設備の導入を平時から積極的に行うよう呼びかけています。令和 2 年 7 月豪雨の被災地では、これまで以上に迅速《じんそく》に段ボールベッドやパーテーションが導入された地域もあります。感染症対策がきっかけになってしまいましたが、「避難所 TKB」による避難所環境の整備（Chapter 23）が劇的に進みはじめたのです。

避難所・避難生活学会
http://dsrl.jp/

Part

7

被災地の声を見る

生活再建のための
「知識の備え」を広めよう

Chapter 29

無料法律相談4万件の声が導く復興政策の軌跡 〜東日本大震災〜

弁護士が被災地でおこなった「なんでも情報提供」活動

２０１１年３月11日に発生した東日本大震災では、津波や福島第一原子力発電所事故により、筆舌《ひつぜつ》に尽くしがたい甚《じん》大な被害が発生しました。死者・行方不明者は２万２０００人を超え、全壊住宅だけでも約12万棟に及んでいます。ピーク時は40万人以上が避難生活を余儀《よぎ》なくされました。そして令和の時代になっても、住まいやまちの再建は道半《なか》ばです。

筆者は当時、弁護士ではありました

が、内閣府に出向勤務し、行政改革や国家戦略に関する施策を担当していたところでした。東日本大震災後は、少なからず災害復興政策にも関与しました。同時に、弁護士としても何かできることはないかと考えていたところ、震災直後から、弁護士らが全国で被災者への無料法律相談・情報提供支援活動をしていることを知りました。

一人の声も無駄にしたくない、声を届けたい

2011年3月、弁護士もまた現場の

被災者の方々の声をきき、少しでも役立つ情報を提供しようと必死になっていたところでした。筆者は、この膨《ぼう》大な被災者の方々の声を「視覚化」して、記録に残し、広く政策提言に活用すべきではないかと考えました。一人の弁護士として日弁連にかけあい、2011年4月から日弁連の災害対策本部室長として相談事例の分析を担《にな》うことになりました。多くの仲間の協力を得て、災害直後からの約1年間で、日弁連や弁護士会を通じて実施した相談のうち4万件を超える相談事例が集約・分析され、最終版は「東日本大震災無料法律相談情報分析結果（第5次分析）」としてまとめられました。

被災生活の「リーガル・ニーズ」が明確になった

図は、東日本大震災における宮城県石巻市の被災者の相談傾向です。亡くなった方が多いこと、全半壊建物が多いこと、都市部ゆえに賃貸借契約《ちんたいしゃく》が多かったこと、住宅ローンや事業ローンの支払いが困難になるケースが多かったこと。そして、「何もかも失った。いったいどうしたらよいのかわからない。何か支援はあるのか」——こうした絶望的な状況に少しでも希望を見いだすための「罹《り》災証明書」や「被災者生活再建支援金」に関する情報が求められたであろうことなどが、図を見るだけでも伝わってきます。

▼東日本大震災における主な相談内容（宮城県石巻市）

2011年3月〜2012年5月（3,481件）

相続等	19.5%
震災関連法令(※)	18.4%
不動産賃貸借（借家）	18.0%
住宅・車・船等のローン・リース	10.3%

※各種支援制度に関する問い合わせなど

「自然災害債務整理ガイドライン」（東日本大震災当時は「個人版私的整理ガイドライン」）が新しく誕生したのも、被災地の声が数値化・視覚化されたことで、メディアや国会で「二重ローン問題」「被災ローン問題」が大きく取り上げられたからなのです。

Chapter 30

無料法律相談1万2000件の声を防災・減災へ活かす ～熊本地震～

災害関連死被害が深刻な熊本地震

2016年4月、震度7を記録する大地震が連続して熊本を襲いました。熊本地震では、260名以上が亡くなり、全壊住戸《じゅうこ》は約8700棟、半壊は約3万5000棟に及んでいます。都市直下を襲った巨大地震の威力に戦慄《りつ》します。

なかでも地震や土砂《どしゃ》災害で直接亡くなったのが50名なのに対して、災害後の過酷な避難生活などが影響して亡くなった「災害関連死」が200名以上になっ

たことには、よりいっそう心が痛みます。原因のひとつは、東日本大震災における教訓が、熊本地震に十分に引き継がれなかったことにあります。たとえば避難所環境改善の実績が、災害救助制度に反映されず、自治体の備蓄《びちく》や防災の知恵に必ずしもならなかったことは残念でなりません。

熊本地震と東日本大震災で共通のリーガル・ニーズ

図は、熊本地震発生から1年の間に弁護士らが実施した、無料法律相談・情報提供支援活動の傾向をまとめたものです。分析相談件数は1万2000件を超えるものとなりました。

▼熊本地震での主な相談内容

2016年4月～2017年4月（12,284件）

相談内容	割合
不動産賃貸借（借家）	20.3%
工作物責任・相隣関係 (※)	15.4%
住宅・車等のローン・リース	13.7%
公的支援・行政認定等	12.4%

※近隣住民とのトラブルなど

「不動産賃貸借《ちんたいしゃく》（借家）」（86頁参照）、「工作物責任・相隣《そうりん》関係」（91頁参照）の相談が多いのは、大都市で建物が多数損壊したという、熊本地震特有の傾向を色濃く反映しています。

「住宅・車等のローン・リース」に関する相談（46頁参照）や、罹《り》災証明書（6頁参照）・被災者生活再建支援金（60頁参照）に関する相談を含む「公的支援・行政認定等」に関する相談が多いことは、東日本大震災のリーガル・ニーズ（126頁参照）と共通しています。

「知識の備え」が防災にとって不可欠

こうしてみると、「被災者の生活再建の達成」という目的のために必要な情報、すなわち生活再建のための法律や制度の知識は、だれにとっても不可欠といえます。国民共通の常識として「知識の備え」としなければならないのです。

筆者が東日本大震災以後にはじめた「知識の備えの防災」セミナーなどに参加してくださる方々のうち、「罹災証明書」を知っている方はだいぶ増えてきました。ところが「被災者生活再建支援金」と「災害弔慰金《ちょうい》」となると広い会場でも数名程度、「自然災害債務整理ガイドライン」を聞いたことがある参加者だと「ゼロ」となることがほとんどです。この本がこの現状を大きく塗り替えることを願ってやみません。

コラム 7

新型コロナと国民の声

　新型コロナウイルス感染症のまん延《えん》により大きな影響を受けた私たちの「お金とくらし」。災害時と同じように、全国の弁護士たちは、行政や様々な団体と連携しながら、生活や生業を支援する相談活動・情報提供活動をはじめました。円グラフは、2020年４月～７月の間に、日本弁護士連合会を窓口として実施した電話相談1859件のうち、事業者ではない個人の相談1540件の相談内容の内訳です。「労働問題」（30%）と「消費者問題」（たとえば旅行・イベント・結婚式等の料金返還やキャンセル料をめぐるトラブル等）（21%）が特に多く、「公的支援制度」（11%）と「借入金問題」（7%）も比較的多い割合です。このほか、「賃料問題」、「診療問題」、「子どもの問題」、「外国人特有の問題」、「その他の人権問題」、「DV・虐待」なども決して無視してはならない深刻な課題として浮かび上がっていることがわかります。

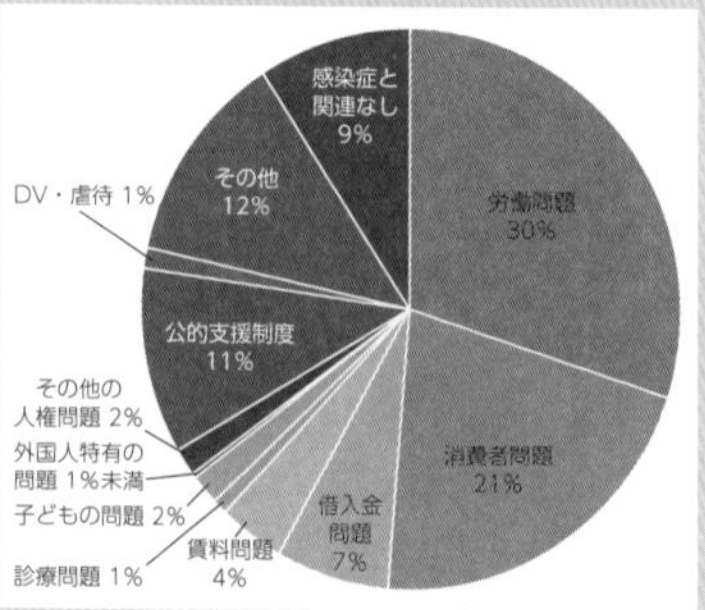

◀相談分類（2020年４月～７月）
日弁連「新型コロナウイルス法律相談全国統一ダイヤル報告書」（2020年11月）

日本弁護士連合会「新型コロナウイルス法律相談　全国統一ダイヤル報告書」（2020年11月）
https://www.nichibenren.or.jp/news/year/2020/topic2.html

参考文献

被災者支援の法制度をより深く知りたい方へ

●内閣府
「被災者支援に関する各種制度」
http://www.bousai.go.jp/taisaku/hisaisyagyousei/index.html

●日本弁護士連合会
「被災者生活再建ノート」
https://www.nichibenren.or.jp/jfba_info/publication/pamphlet/saiken_note.html

防災教育で「知識の備え」を実践したい方に役立つツール

●岡本正著『図書館のための災害復興法学入門　新しい防災教育と生活再建への知識』（2019年　樹村房）

●岡本正監修『被災後の生活再建のてびき』（2018年　東京法規出版）

●岡本正監修「生活のソナエ袋」（銀座嶋屋）

東日本大震災以降の防災や復興政策の動き・残された課題を学びたい方へ

●岡本正著『災害復興法学』（2014年　慶應義塾大学出版会）

●岡本正著『災害復興法学Ⅱ』（2018年　慶應義塾大学出版会）

●岡本正著『災害復興法学の体系　リーガル・ニーズと復興政策の軌跡』（2018年　勁草書房）

●岡本正「〈ウェブ連載〉新型コロナウイルス感染症に立ち向かうあなたを助けるお金とくらしの話」（弘文堂スクエア）

災害時に役立つ法制度と実践的ノウハウを学びたい方へ

●中村健人・岡本正著『改訂版　自治体職員のための災害救援法務ハンドブック―備え、初動、応急から復旧、復興まで―』（2021年　第一法規）

●室﨑益輝・幸田雅治・佐々木晶二・岡本正著『自治体の機動力を上げる 先例・通知に学ぶ大規模災害への自主的対応術』（2019年　第一法規）

さくいん

謝辞

この本は、新建新聞社が運営する「リスク対策ドットコム」の筆者連載コラム「もしも社員が被災したら？生活再建への『正しい』知識の備え」（全34回、2020年3月連載終了）をベースに加筆・修正したものです。ご担当いただいた新建新聞社の中澤幸介氏と斯波祐介氏に深く感謝を申し上げます。また、コラム連載時から本書に至るまで、素敵なイラストを提供してくださった、さや☆えんどう氏に改めて感謝を申し上げます。

著者紹介

岡本 正（おかもと・ただし）

銀座パートナーズ法律事務所。弁護士（第一東京弁護士会）。博士（法学）。岩手大学地域防災研究センター客員教授。北海道大学公共政策学研究センター上席研究員。慶應義塾大学・青山学院大学・長岡技術科学大学・日本福祉大学非常勤講師。マンション管理士。ファイナンシャルプランナー（AFP）。医療経営士（2級）。防災士。防災介助士。

1979年生まれ。神奈川県鎌倉市出身。2001年慶應義塾大学法学部法律学科卒。2003年に弁護士登録。弁護士ほか専門資格や豊富な行政経験を活かし幅広い分野を扱う。

2009年10月から2011年10月まで内閣府行政刷新会議上席政策調査員。期間中におきた東日本大震災を契機として、2011年12月まで日弁連災害対策本部嘱託室長。2011年12月から2017年7月まで文部科学省原子力損害賠償紛争解決センター総括主任調査官。

政府や日弁連での経験を活かし2012年より『災害復興法学』講座を各大学に創設。防災教育活動が「危機管理デザイン賞」（2013年）、「若者力大賞ユースリーダー支援賞」（2014年）などを受賞。2017年新潟大学大学院現代社会文化研究科にて博士（法学）の学位取得。博士論文を書籍化した『災害復興法学の体系：リーガル・ニーズと復興政策の軌跡』は「日本公共政策学会奨励賞」（2019年）を受賞。

産学官のあらゆる方面や子どもたちへの防災教育に精力的に取り組み現在に至る。著書、論文、公職、メディア出演等多数。趣味は街歩き、珈琲探訪、カフェ巡り、スイーツ探索、ラーメン店開拓。

Web愛読者アンケート

https://koubundou.co.jp/enquete/

本書に関するご意見・ご感想をお寄せください。今後の出版活動の参考にさせていただきます。

被災したあなたを助けるお金とくらしの話〔増補版〕

2020（令和2）年 3 月 15 日　初版 1 刷発行
2021（令和3）年 12 月 15 日　増補版 1 刷発行

著　者　岡本　正
発行者　鯉渕友南
発行所　株式会社　弘文堂　101-0062　東京都千代田区神田駿河台1の7
TEL 03(3294)4801　振替 00120-6-53909
https://www.koubundou.co.jp

イラスト　さや☆えんどう
装　幀　宇佐美純子
印　刷　三報社印刷
製　本　井上製本所

ISBN 978-4-335-55206-9